Claudio Trecci nasce a Foligno nel 1949.
Appassionato di disegno, nel 1972 inizia a frequentare l'Accademia di Belle Arti Pietro Vannucci di Perugia, dove partecipa alle lezioni di disegno dal vero, pittura, incisione e storia dell'arte.
Nel 1982 si laurea in architettura a Firenze e inizia la libera professione di architetto.
Dal 1982 al 1993 collabora con l'arch. Franco Antonelli e nel 1994 entra nello studio Antonelli e Associati. Nel 1995 conosce Alfred Hohenegger (grafico, pittore, scultore, scrittore e musicista) col quale instaura, oltre a una grande amicizia, anche un continuo confronto critico.
Nel 1997 il sisma tra Umbria e Marche, che produce ingenti danni anche a Foligno, lo costringe a intensificare i suoi impegni di lavoro in architettura.
Nel 1999, in un viaggio a l'Havana - Cuba, viene a contatto con artisti di strada nei quali scopre la semplicità di un uso straordinario dei colori.
Nel 2011/2012 collabora con il Club UNESCO di Foligno e Valle del Clitunno contribuendo alla nascita del premio La fabbrica nel paesaggio.
Tra il 2012 e il 2015 frequenta la città di San Pietroburgo dove tiene tre conferenze sull'architettura e la sua professione presso lo spazio progettuale dello store SMALTA e dove il Museo ERARTA lo invita a partecipare a una collettiva con giovani artisti russi.
Dal 2015 al 2022, nella continua ricerca di stimoli, viaggia attraverso il mar Mediterraneo trasferendosi a vivere prima in Grecia e poi in Tunisia.
Nel 2018 frequenta uno spazio espositivo nel Marina della città di Monastir dove viene a contatto con giovani artisti tunisini.
Alla professione ha affiancato sempre la sua attività artistica esponendo i suoi dipinti in varie mostre in Italia, Russia, Grecia e Tunisia.
Nel giugno 2020 pubblica *Come stelle nel cielo di notte*, un giallo in cui l'intelligenza femminile prevale su ogni forma di genialità, anche criminale.
Nel dicembre 2020 pubblica *Yehudah* - storia di un dipinto ispirato a un capolavoro del Caravaggio "Giuditta e Oloferne" ritrovato in una soffitta in Francia e poi ritenuto un falso.
Nel 2021 pubblica *A margine della mia professione di architetto* in cui raccoglie alcuni degli articoli scritti per un giornale dove denuncia la pochezza delle amministrazioni nella tutela della città.
Dal 1982 a oggi, nonostante i grandi impegni di lavoro, i viaggi e le pubblicazioni, non ha mai trascurato la sua grande passione per la ricerca di ogni espressione artistica.

fiori e foglie
olio su tela cm. 50 x 40
2022

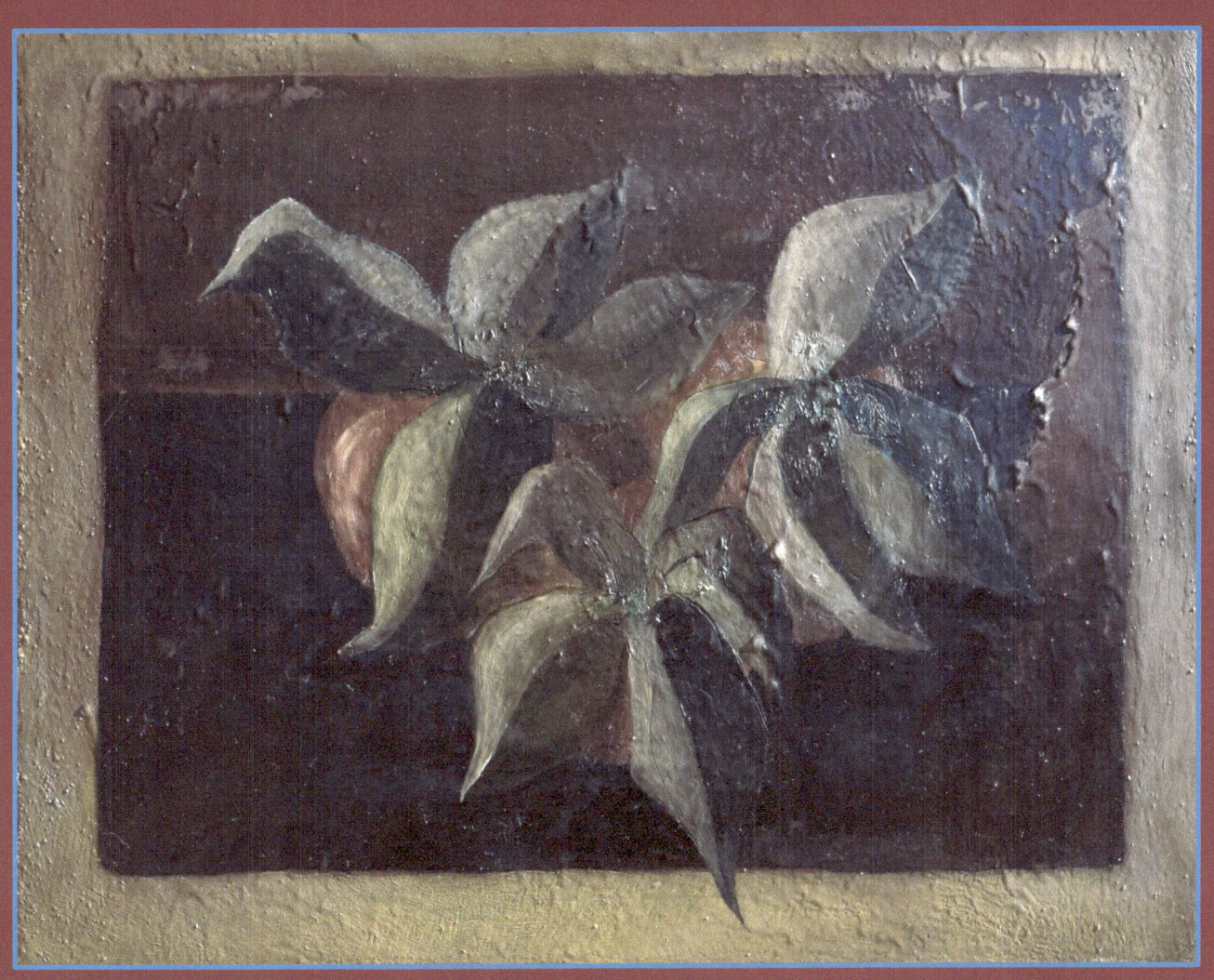

paesaggio 1
olio su tela cm. 50 x 50
2021

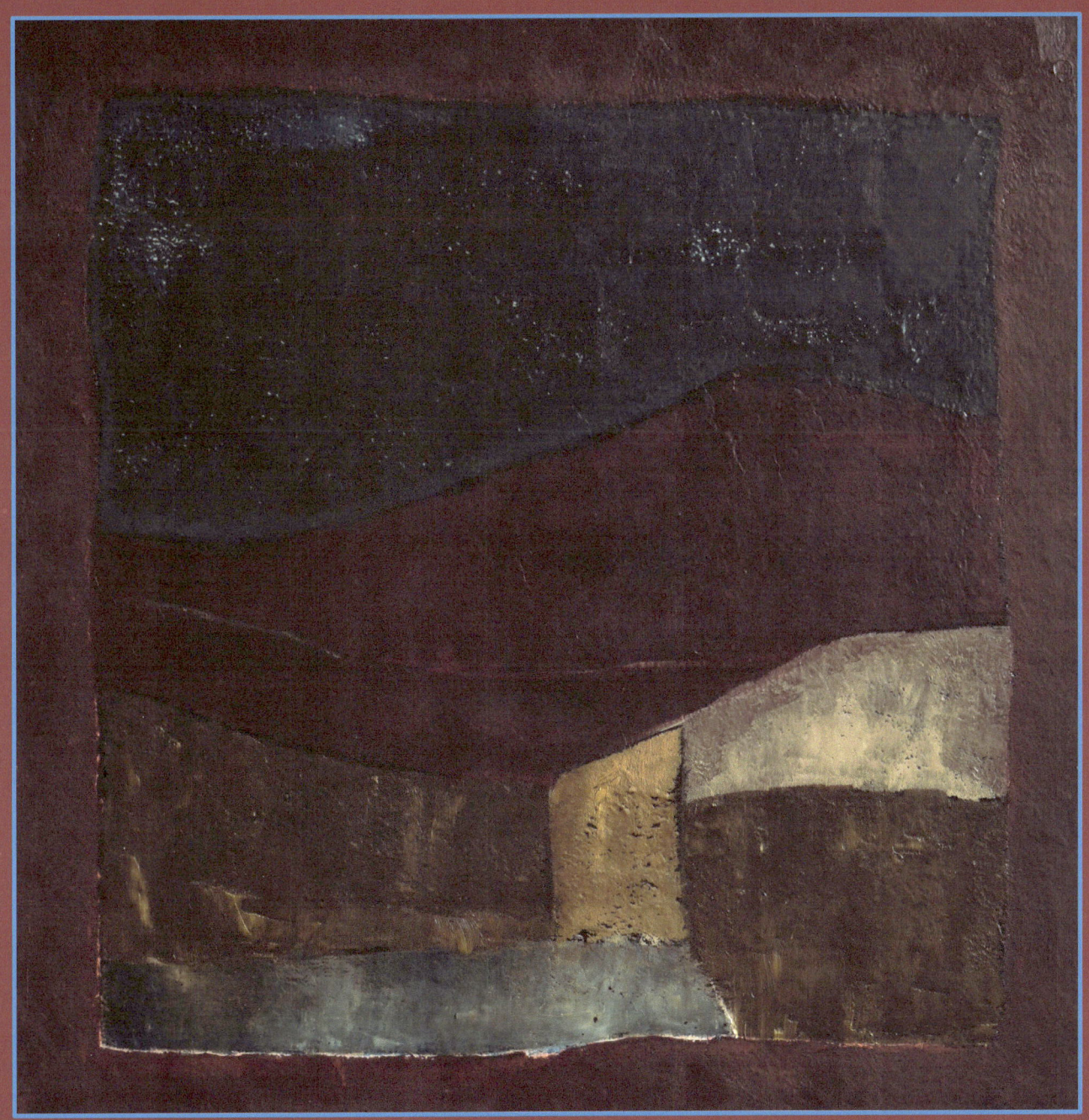

spazio nero
carta e catrame su tela cm. 40 x 40
2017

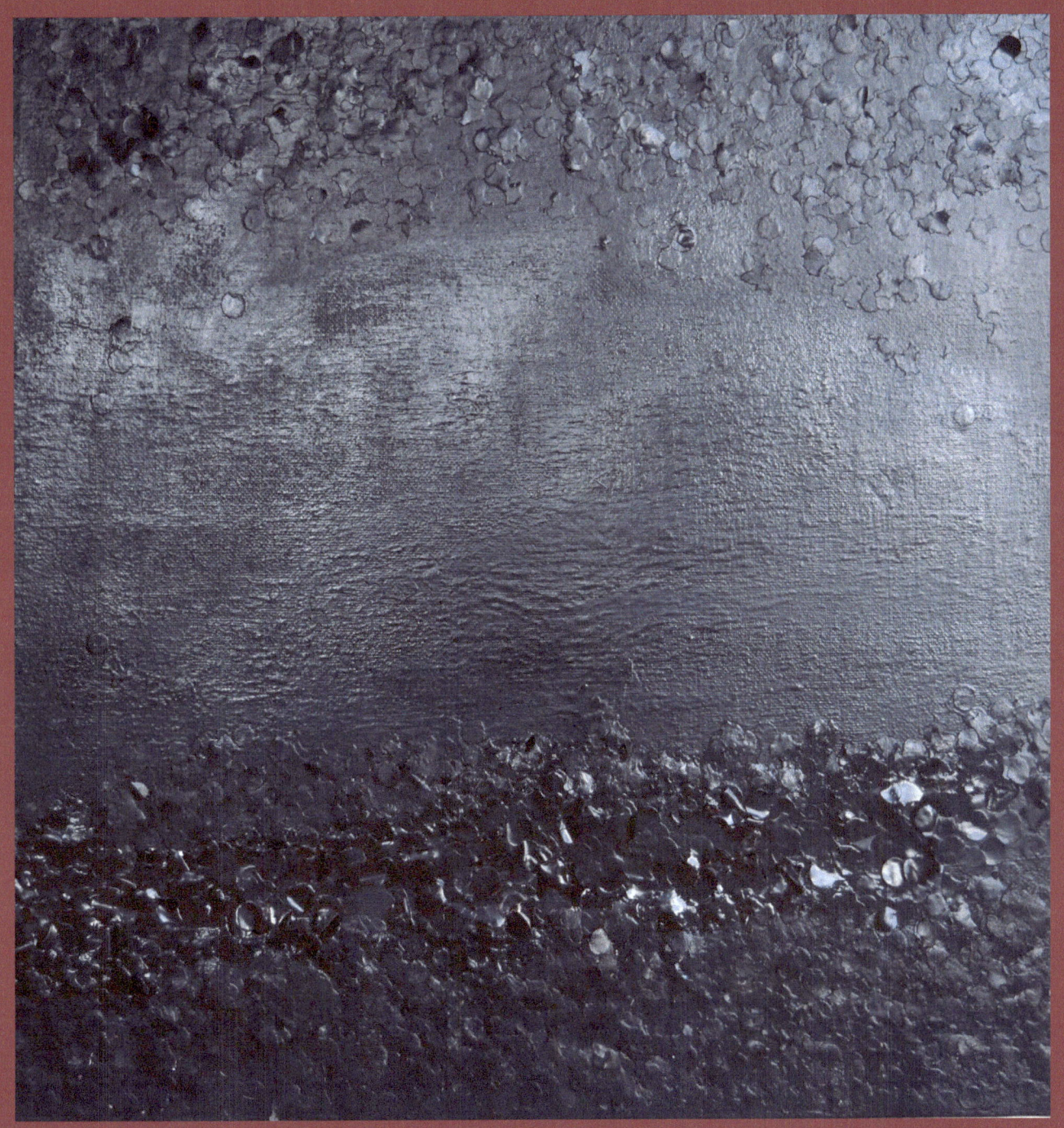

terremoto
carta su 2 tele cm. 40 x 40 (40 x 80)
2016

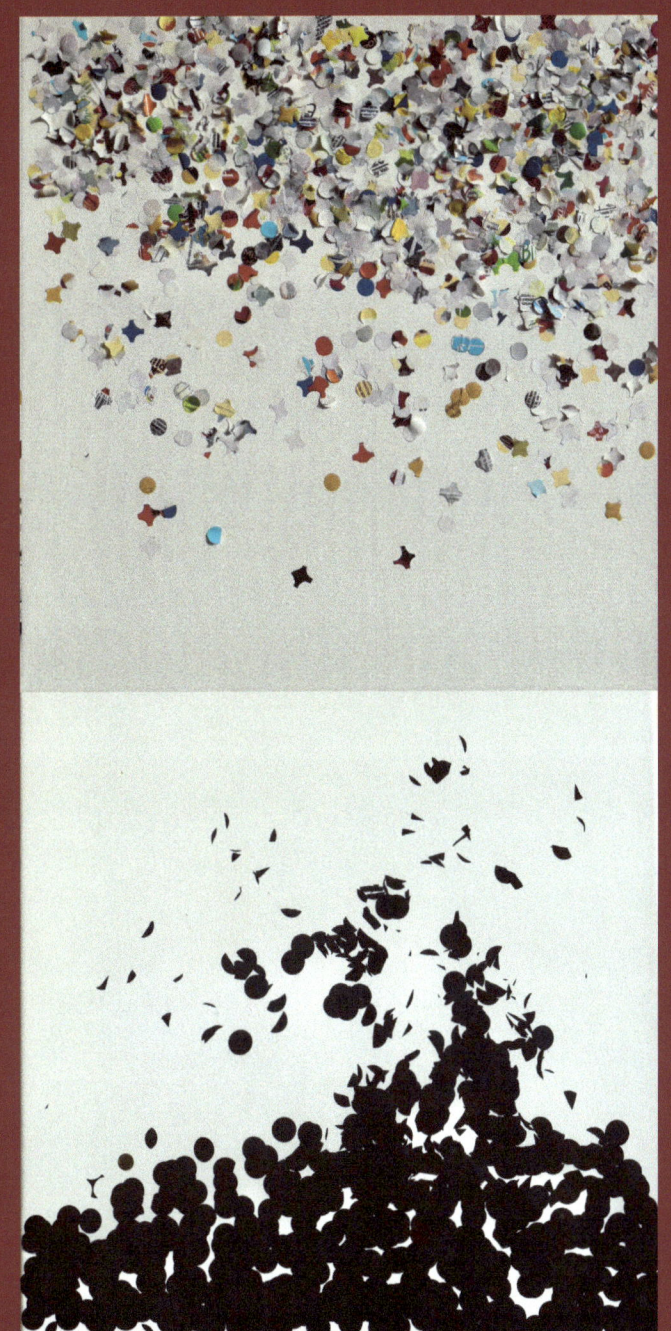

paesaggio blu e rosso
olio su tela cm. 150 x 40
2013

paesaggio bianco
olio su tela cm. 150 x 40
2012

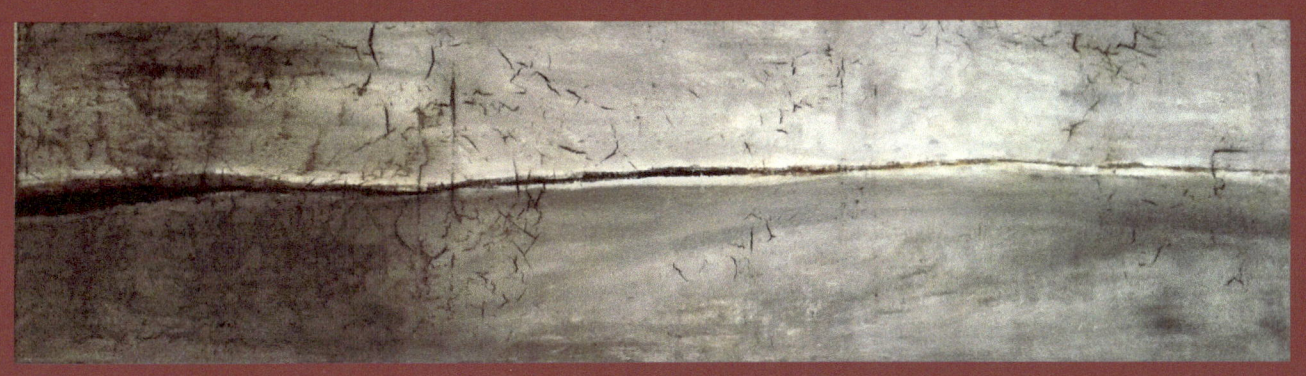

paesaggio blu
olio su tela cm. 90 x 90
2009

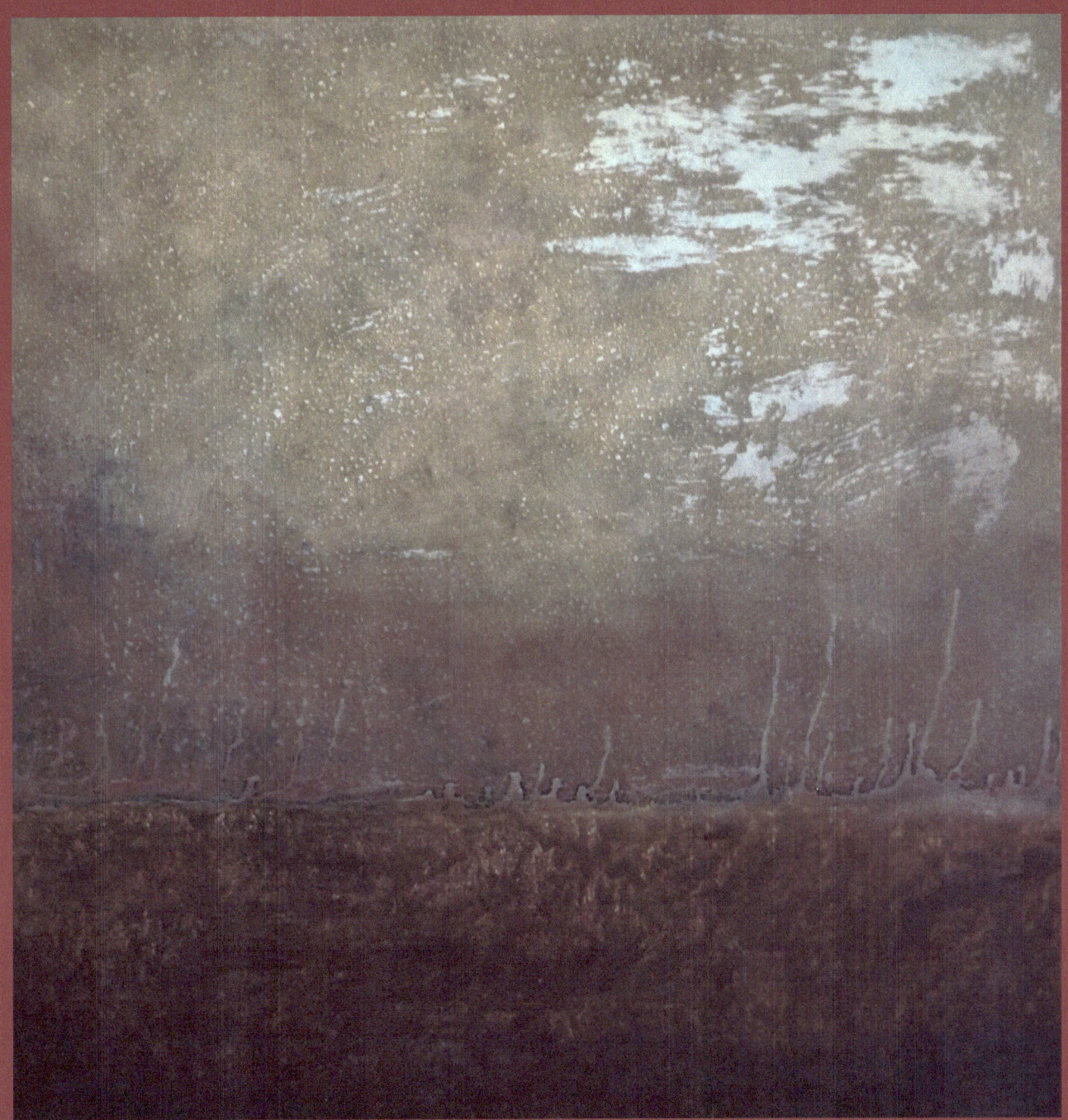

rosso
olio su tela cm. 150 x 40
2008

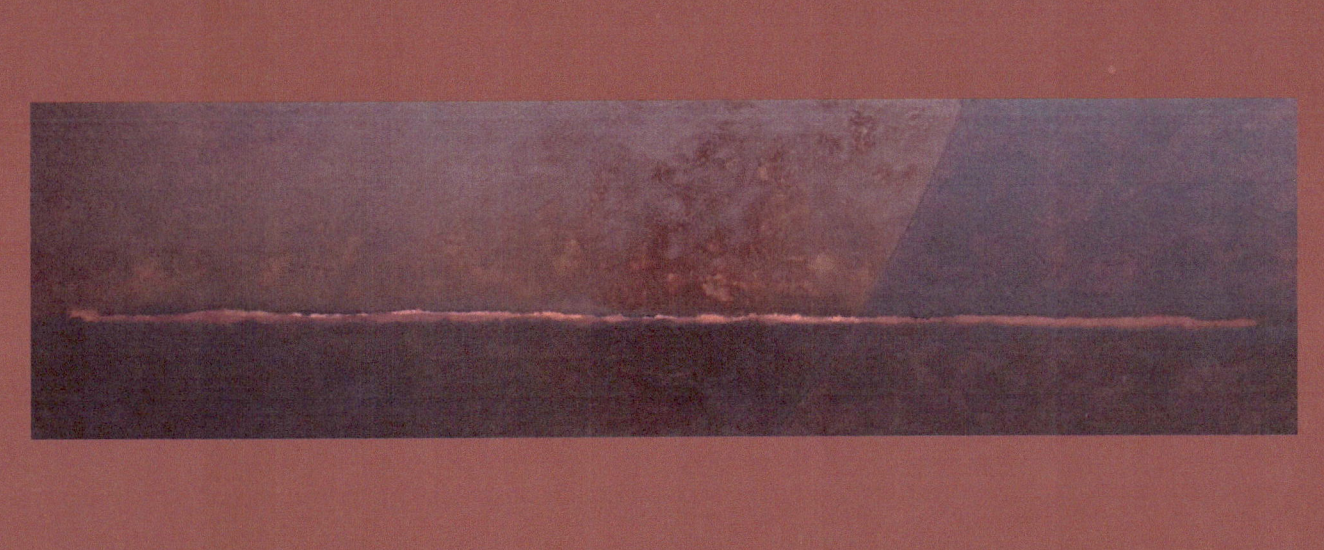

donna
olio su tela cm. 40 x 40
2004

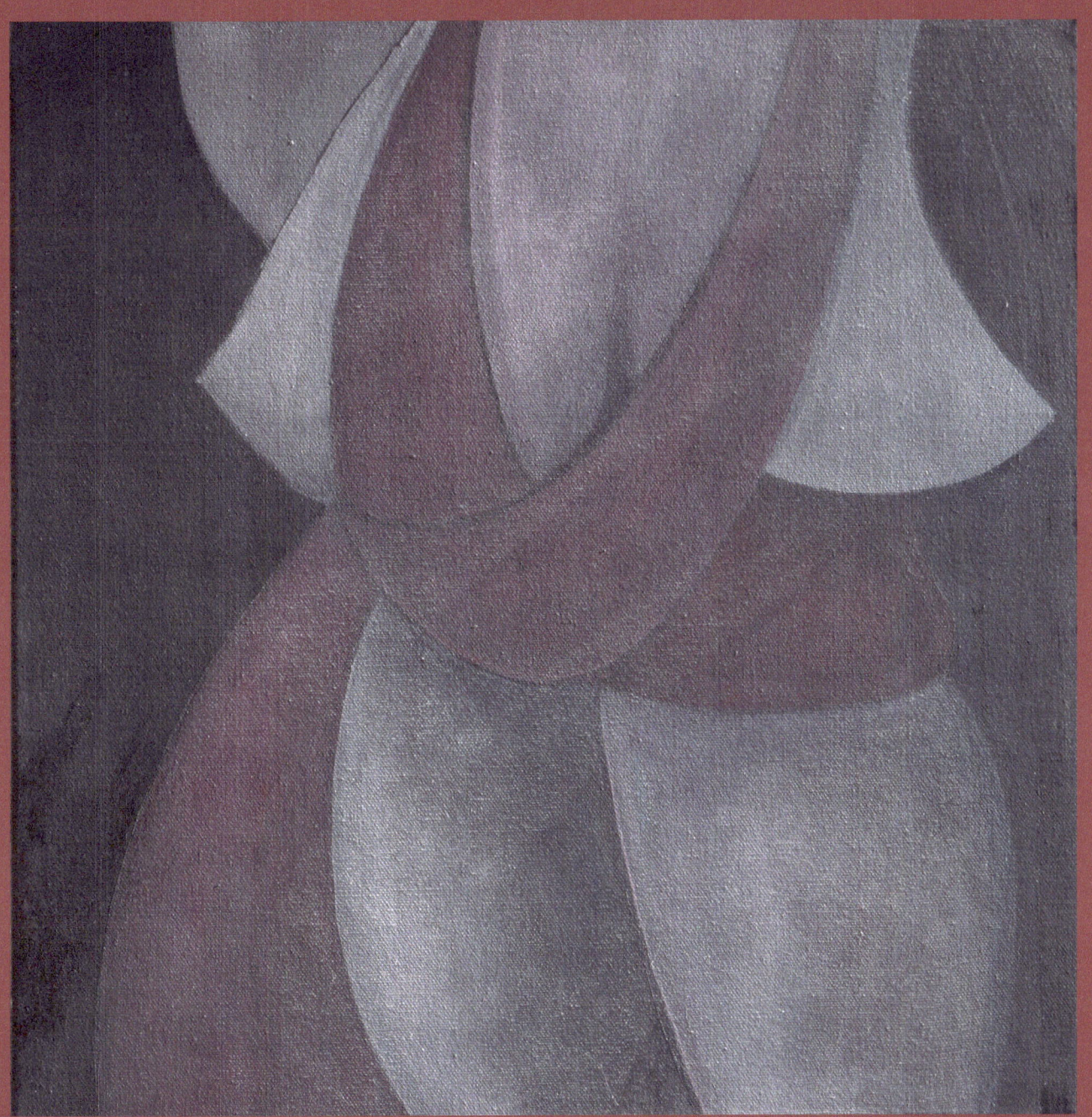

chiacchiericcio intorno a un passero
olio su tela cm. 40 x 40
2004

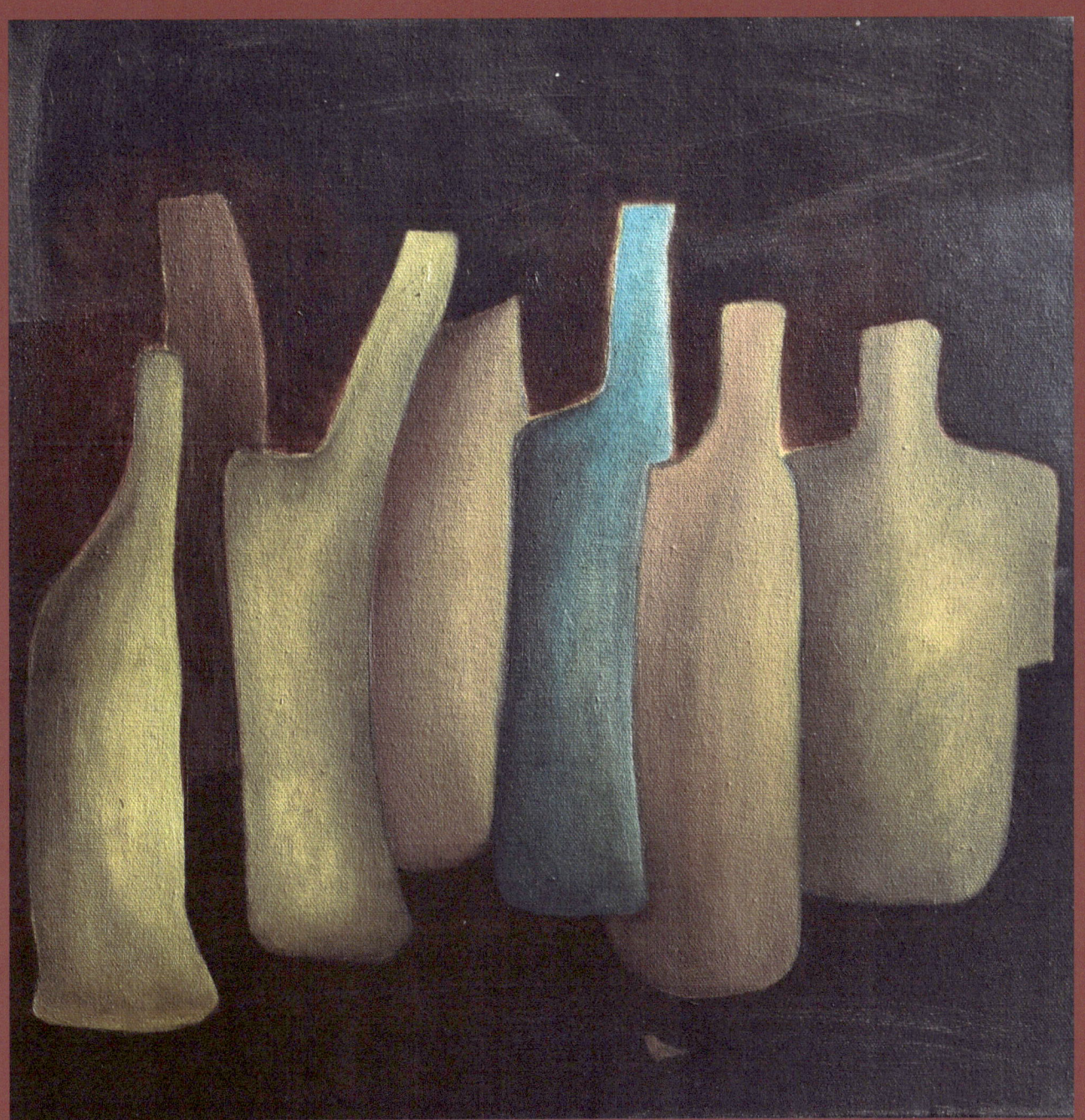

fiore
olio su tela cm. 40 x 40
2004

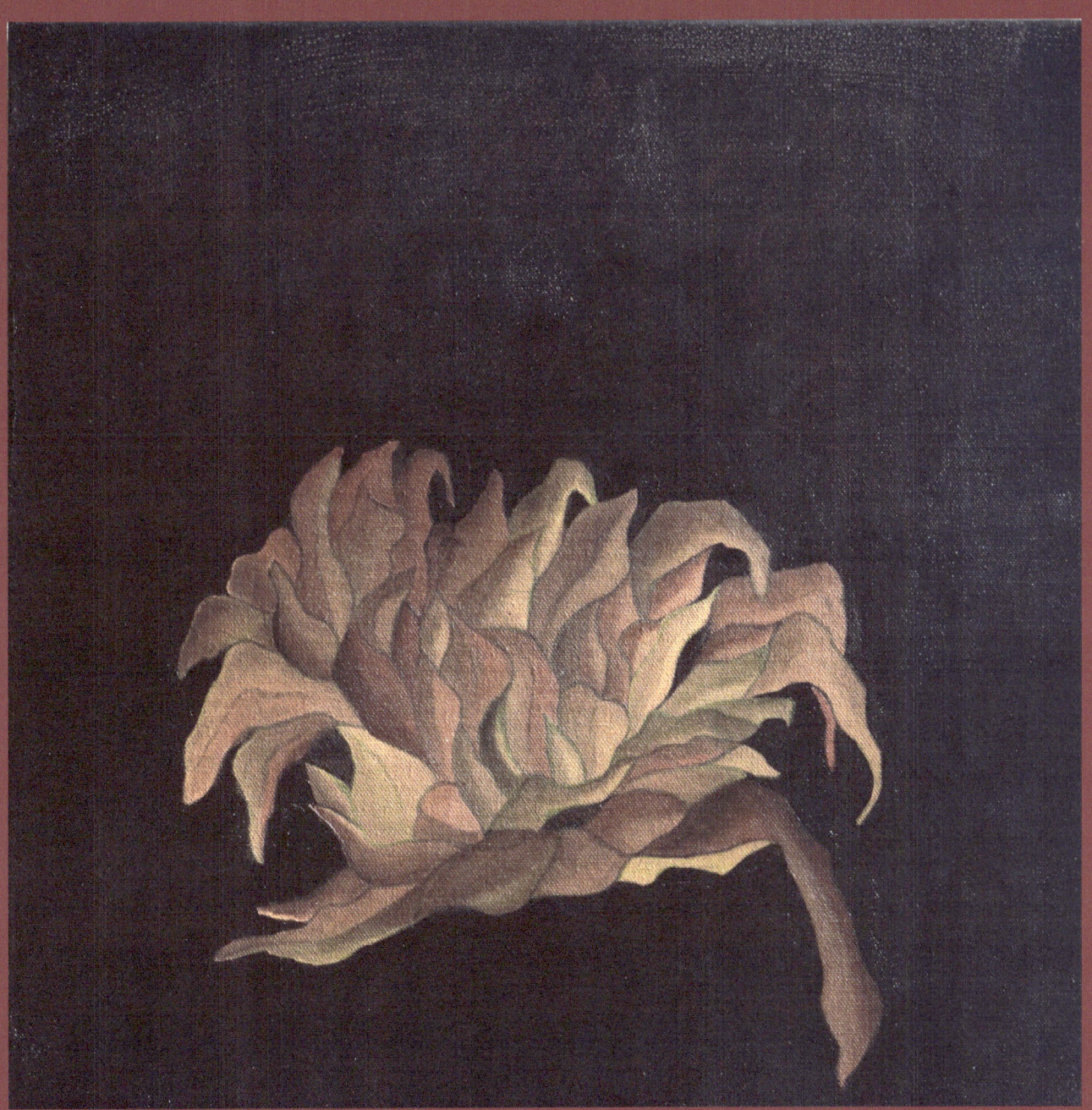

rosso su nero
olio su tela cm. 80 x 80
2001

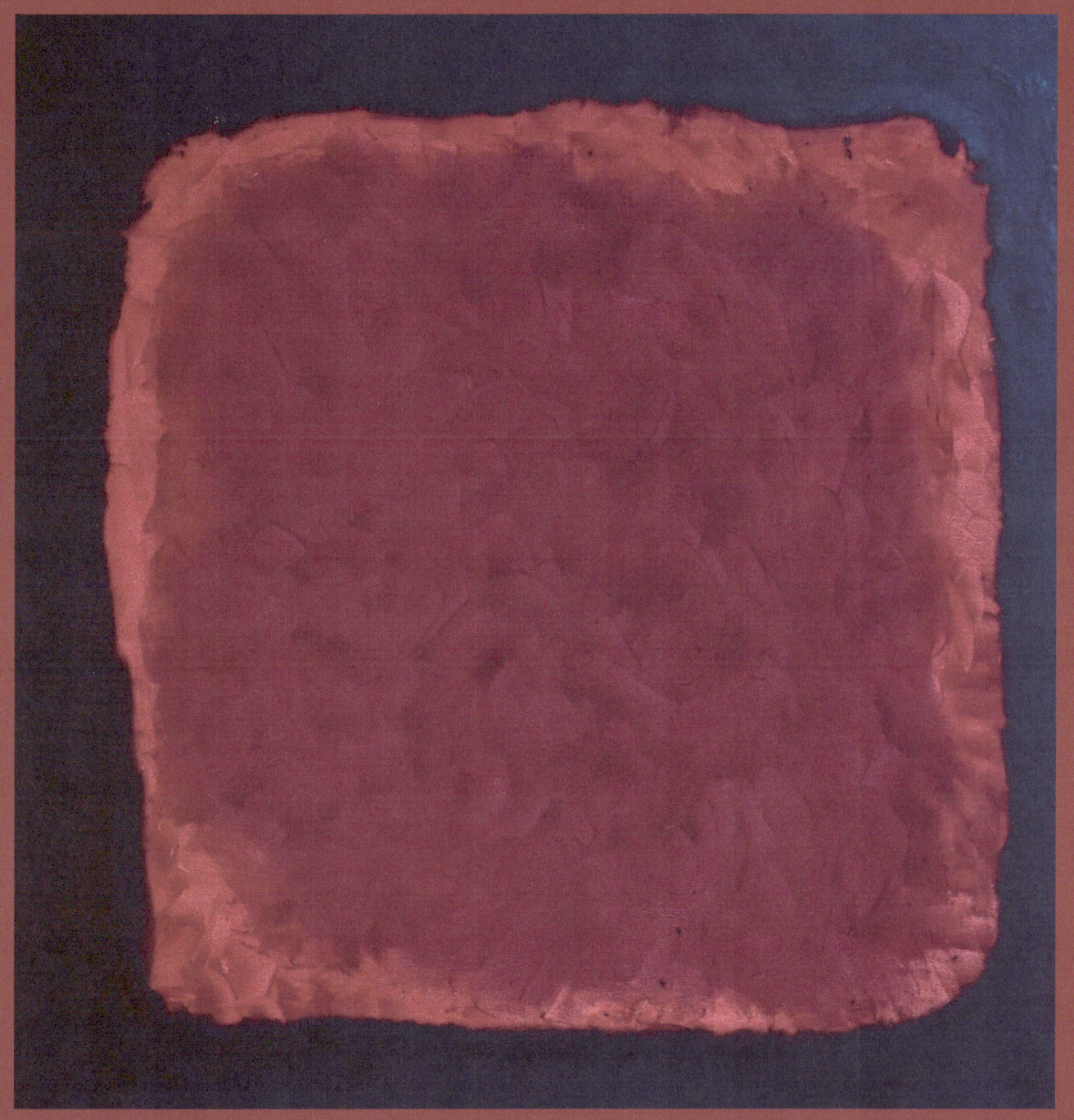

vele
carta su 4 tele cm. 40 x 40 (160 x 40)
2000

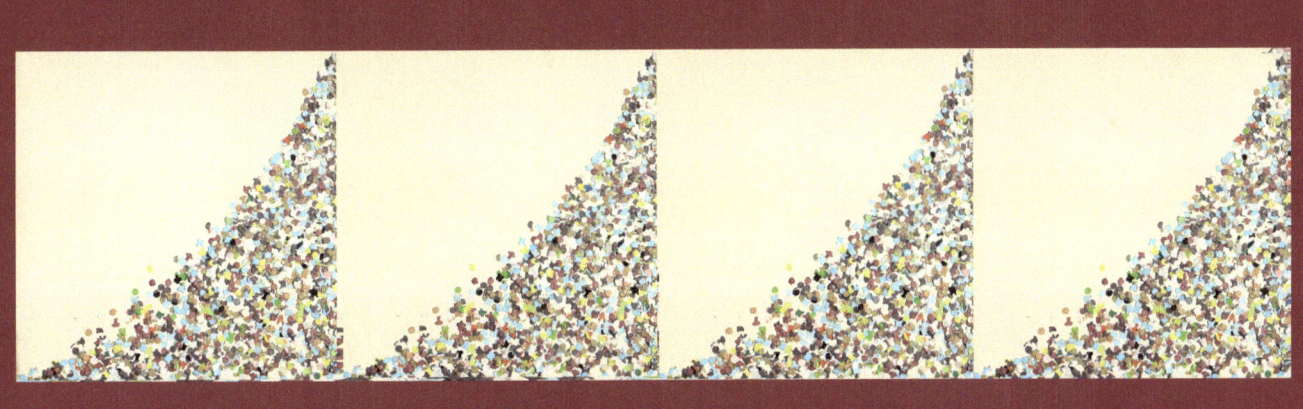

pesca notturna
olio su tela cm. 80 x 60
1988

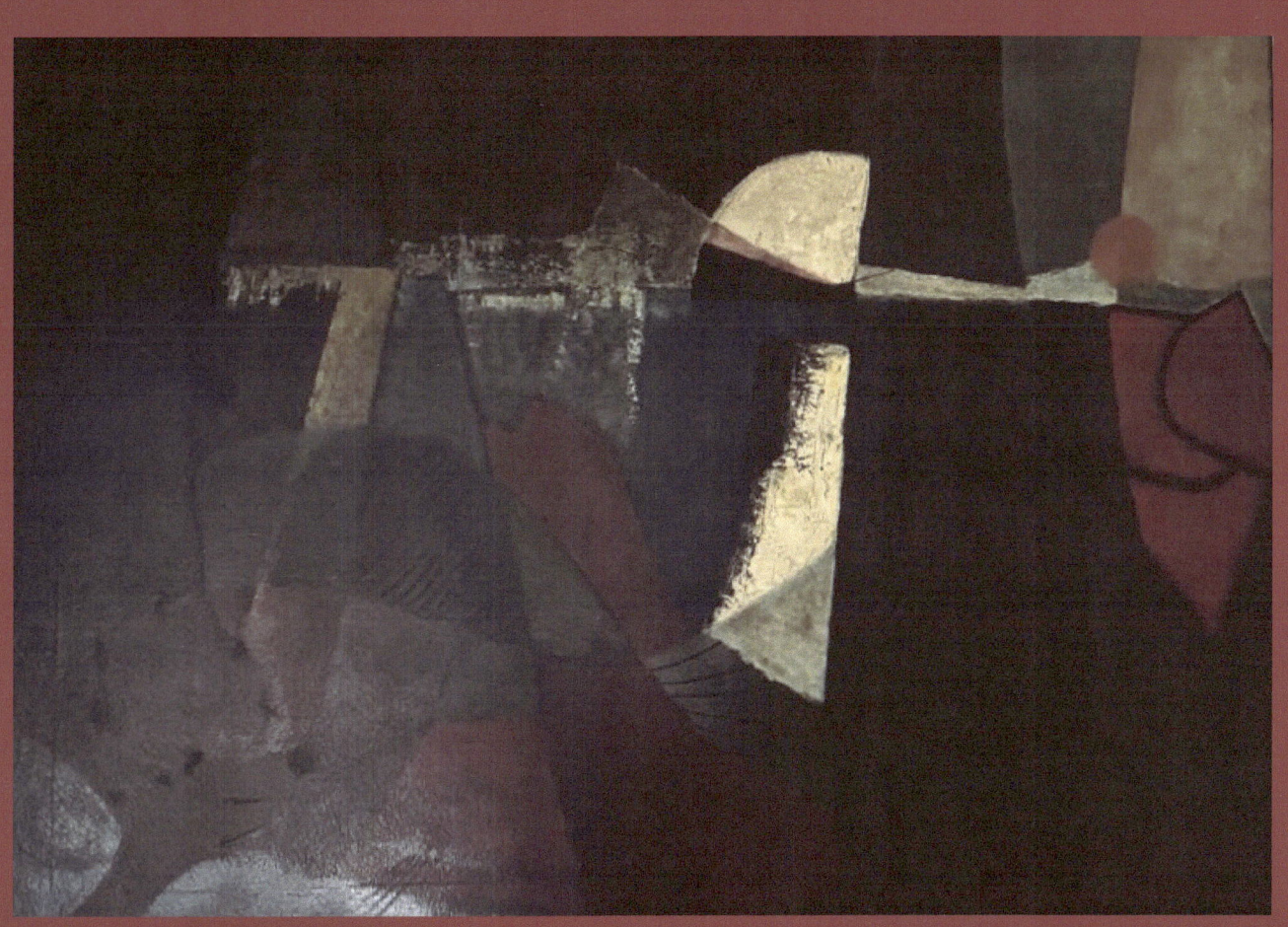

cavaliere
olio su tela cm. 30 x 40
1984

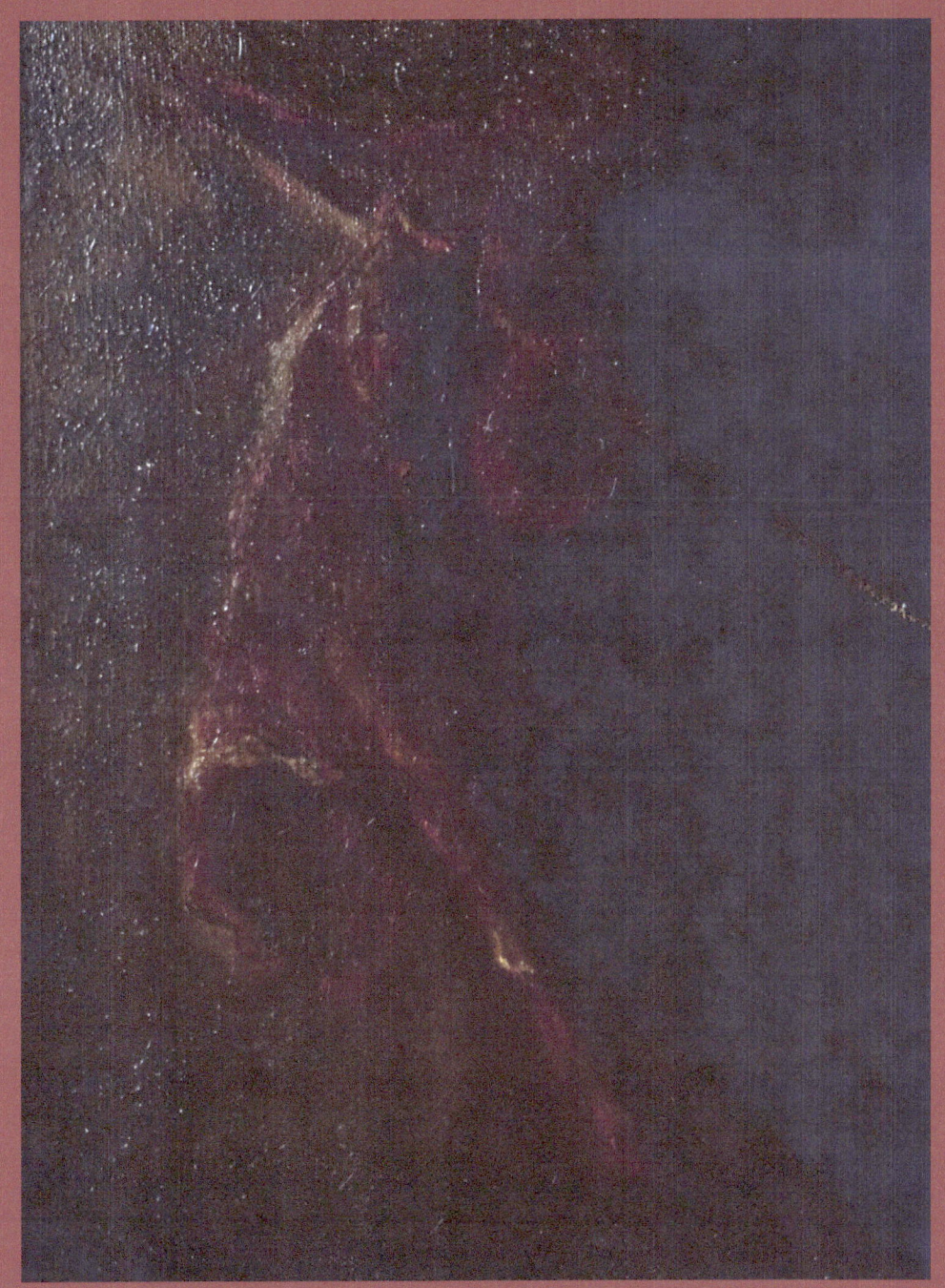

ragazzo (dal Veronese)
olio su tela cm. 40 x 50
1981

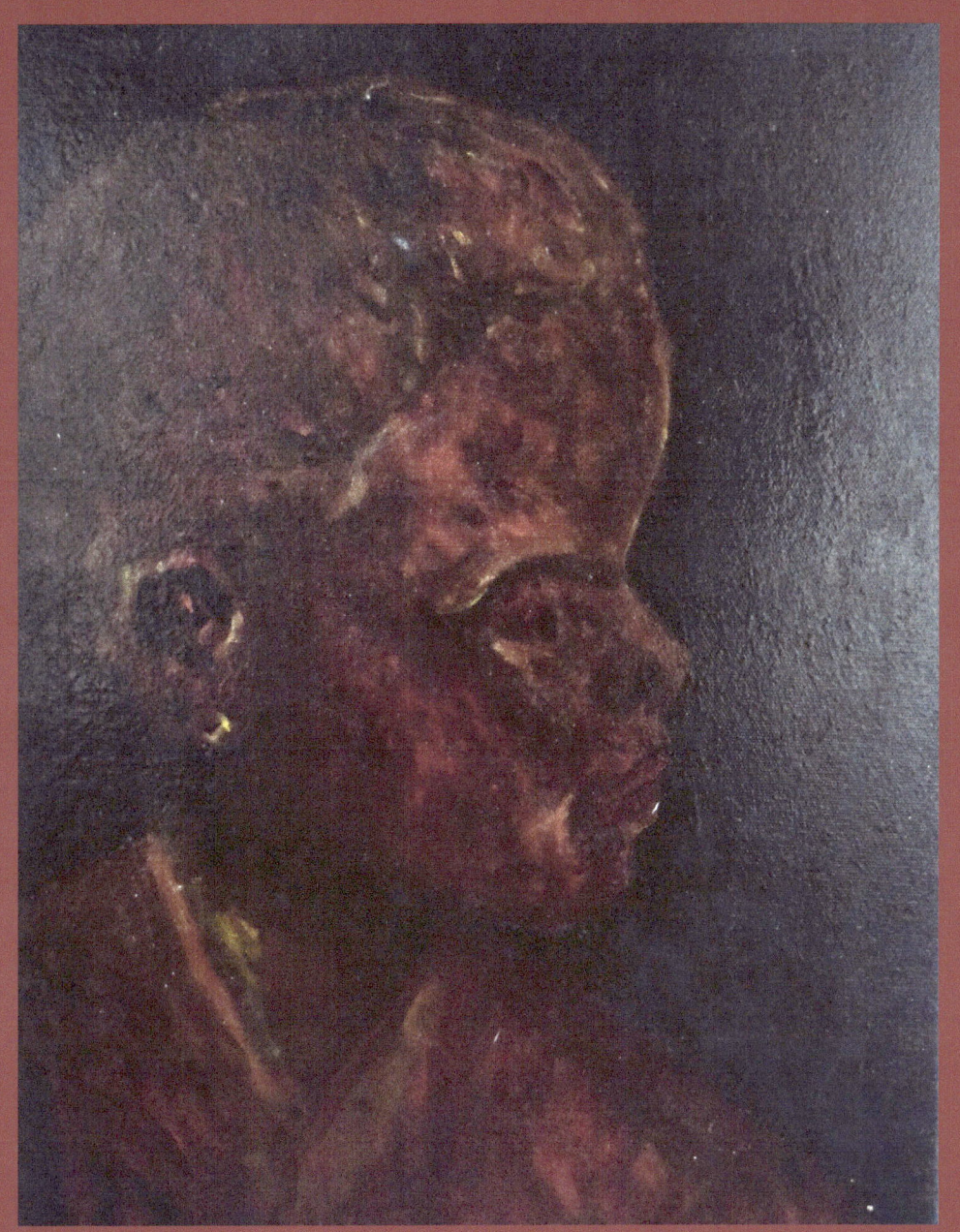

rassegnazione
acquaforte su lastra di zinco cm. 12 x 17
1980

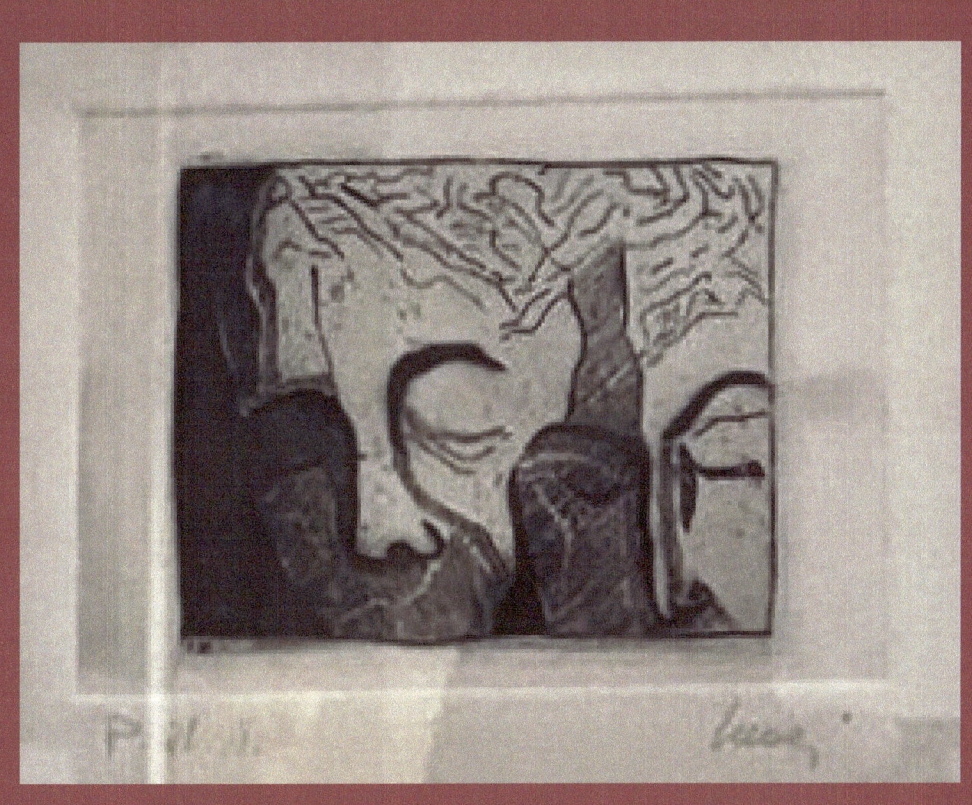

dolore
olio su tela cm. 60 x 80
1974

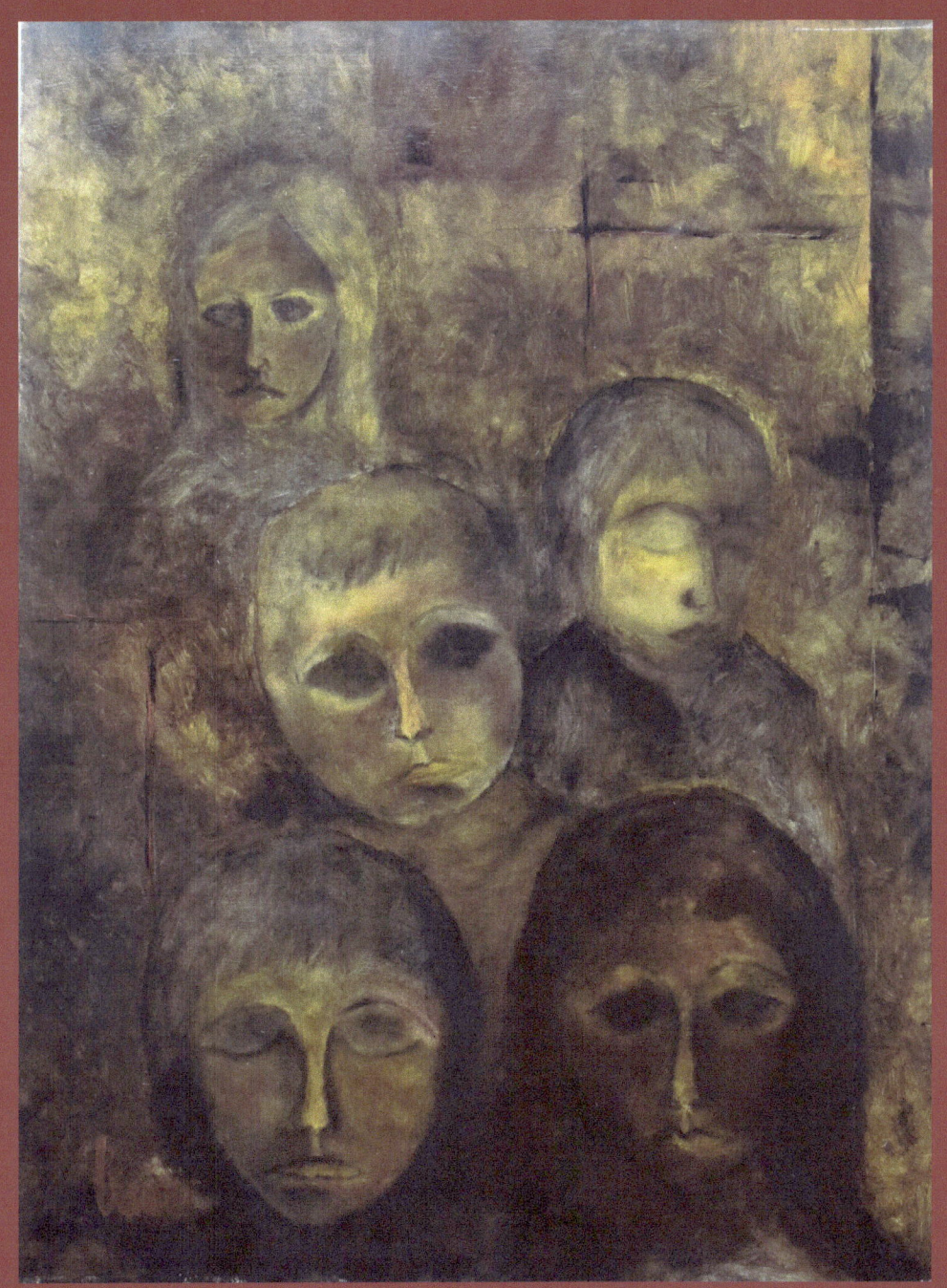

modella
acquaforte su lastra di zinco cm. 16 x 20
1973

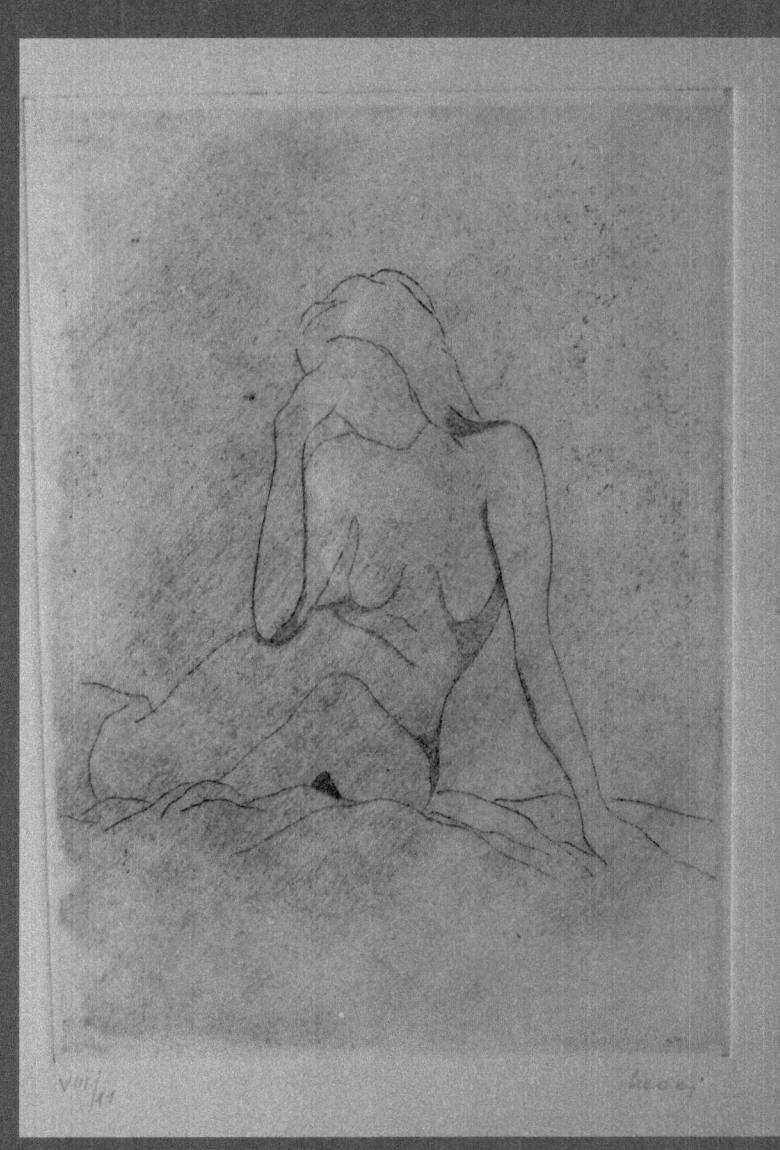

senza titolo
olio su tela cm. 50 x 40
1972

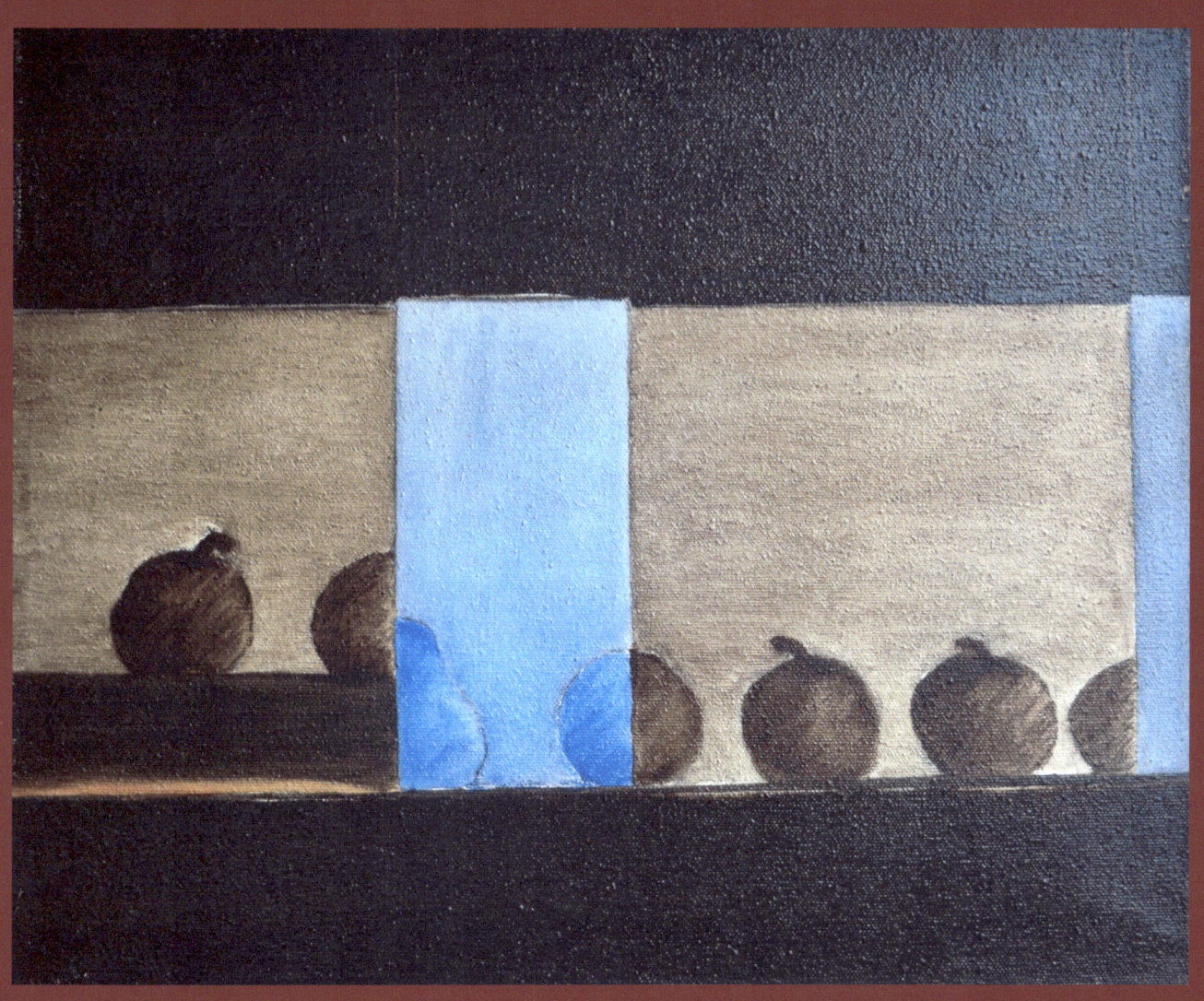

https://sites.google.com/view/claudiotrecci

claudio.trecci@gmail.com

in copertina

espansione
carta e catrame su tela cm. 40 x 40
2022

www.ingramcontent.com/pod-product-compliance
Lightning Source LLC
Chambersburg PA
CBHW041933240526
45473CB00034B/1233